DARCY the Flying Hedgehog

prologue

2010年の春

おてんばで、おこりんぼうで
ちいさな、ちいさなハリネズミの女の子を
我が家に迎えました

真っ白な産毛、ピンク色の顔に、明るい針を尖らせた
まるで、本当にちいさな女の子のようなハリネズミに
ダーシーという名前をつけました

ダーシーは初めて会った時から
ずーっと、せわしなくちょこまかと動いていて
こっそり僕が近づくと
いちもくさんに逃げ出して
手のひらなんかに乗せたら、おおあわてで暴れ出すのでした

眠ることが何よりも好きなダーシーは
しばらくすると、僕の手のひらを
あたたかいベッドだと思い始めました

手のひらでフシュフシュ怒って
イガグリのように丸くなったかと思うと
そのままスヤスヤ眠ったり

お腹を触られ
またフシュフシュ怒ったかと思うと
気持ち良さそうな顔でコテンと横になり
やっぱりスヤスヤ眠ったり

自分がハリネズミであることを忘れてしまったかのように
可愛らしい一面を見せるようになりました

ダーシーと暮らし始めて1年くらいたったころ
いつものように手のひらで眠るダーシーを見つめ
僕は考えました
僕の部屋で、僕の手のひらで
誰にも知られずに短い一生を終えてしまう
そんな命があっていいのだろうか

ダーシーがここで生きている今を
僕がいくら年をとっても忘れないように、写真に残そう
そしてダーシーが今ここで生きていることを
写真を通じて、世界中のみんなに知ってもらおう

春に出会ったちいさなハリネズミは
僕の手のなかから、この本を見てくださるみなさんのもとへ羽ばたいて
僕の知っているよりもずっと
おおきな、おおきなハリネズミに
成長しているのかもしれません

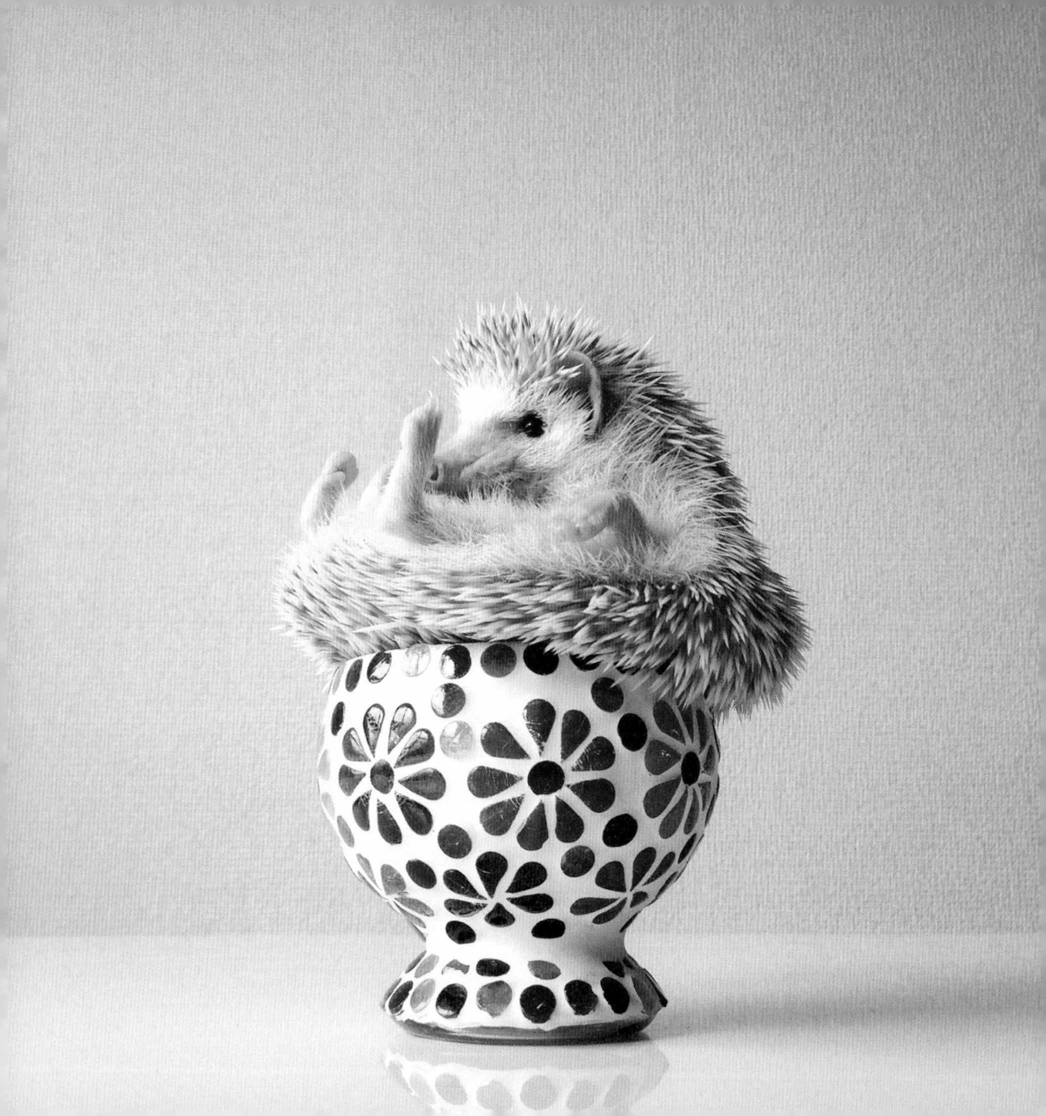

THE
HAMPTON
POPCORN
COMPANY™

HAMPTON
POPCORN

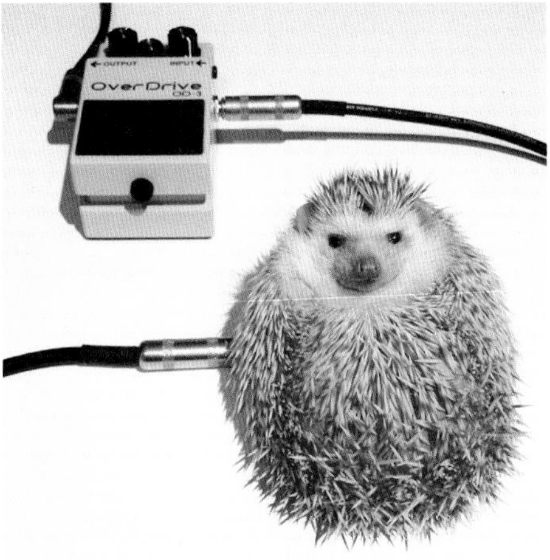
OUTPUT
INPUT
OverDrive

MINI
Rocky

D

D

THE OWL AND
THE WO
OXFORD UNIVERSITY PRESS

JOKER
JOKER
K
Q
J

see you...

epilogue

世界に羽ばたいてほしい

誰にもできないことをやってほしい

小さなころ、両親に自分の名前の意味を聞くと、

羊に羽と書いた「翔」の字に、そんな思いを込めたと教えてくれました。

——Darcy the Flying Hedgehog

わが子のようなダーシーにも、そんな願いを込めて。

塚本翔太

ハリネズミのダーシー
DARCY *the* Flying Hedgehog

2014年3月 1日　初版発行
2014年5月10日　第二版発行

著者　塚本翔太
デザイン　日高慶太、小笠原菜子（monostore）
企画・編集　三好圭子、川那部千穂（青幻舎）

発行者　安田洋子
発行所　株式会社青幻舎
京都市中京区三条通烏丸東入
TEL075(252)6766　FAX075(252)6770
http://www.seigensha.com

印刷・製本　泰和印刷株式会社

Printed in JAPAN

ISBN978-4-86152-428-8　C0072

本書は、iPhoneで撮影、Instagramアカウント「@darcytheflyinghedgehog」に
投稿された写真をもとに構成・編集したものです。
イラスト協力　出口かずみ[p.59左下]